いのちと出会う 保育の 自然さんぽ

● はじめに ●

　この本では、「自然と直接触れ合うことを目的とした散歩」を「自然散歩」と名付けています。自然散歩は、私たちのいのちを支え、私たちを生かしている自然界そのものと出会う時間です。ほかの多くのいのちと共感するひとときでもあります。自然は私たちの心を清め、美しくする力をもっています。自然散歩によって、自然の面白さや楽しさを味わい、いのちのすばらしさを実感するとともに、この世界の見方を深めていくことを願っています。

菅井啓之

本書の特長

見逃しがちな自然を見る視点を学びながら、ふだんの散歩がますます楽しくなる1冊です。

1 身近な自然からの学びがいっぱい！

自然を通して学べることは限りがありません。身近な自然を見る視点から、いのちの学びへとつなげていきましょう。

2 子どもがイキイキの実践レポートを紹介！

実際の散歩の様子を写真を交えて紹介しています。各園でも子どものイキイキとした笑顔が見られますように。

3 散歩の悩みや疑問にもお答えします！

「雨の日の散歩、どうしたらいいの？」「近くに公園がなくて…」など、現場保育者の悩みや疑問にお答えします。

本書の見方

「2章：自然を見る視点」を中心に、4章構成になっています。

2章
自然を見る視点

「葉っぱの大きさ」「枝の付き方」など、自然を見る視点をたっぷり紹介しています。

自然を見る視点 ❶

見逃しがちな自然を見る視点を紹介。その視点から入ると、自然がより身近に、親しみやすくなります。

ほかにも見つけたよ！

一つの視点から見たときに、ほかにも見つかる仲間を紹介。同じだけれど、それぞれの違いにも気付きますね。

なぜ？どうして？

自然を見る視点から出てくる疑問とその理由を紹介。保育者自身もなぜだろう？という気持ちを忘れずに、子どもたちに分かりやすく話せるといいですね。

◎こんなことを学びたい

自然に触れ合うことを何度も何度も体験する中で、生きる力につながるたくさんのいのちの学びを紹介しています。保育者自身も意識しながら、子どもたちが体験できるよう伝えていきたいですね。

3章
よくある散歩のQ&A

現場保育者からの悩みや疑問に、お答えします。それぞれの環境や、クラスの状況、子どもたち一人ひとりも異なりますが、参考にしてみてください。

1章
散歩に出かけよう！実践レポート

園での散歩の様子をレポートしています。各園での散歩のヒントにもしてください。

4章
自然散歩のコツを紹介！

自然散歩で学べること、子どもへの関わり方などを紹介しています。

Contents

はじめに ……………………… 1
本書の特長 …………………… 2
本書の見方 …………………… 3

1章 お散歩に出かけよう! …… 9
実践レポート

保育者必見　お散歩の心得 …………………… 10

- **0歳児** 5月　お散歩に行こう! …………………… 11
- **1歳児** 4・5月　散歩に出かけよう! …………………… 12
  - 10月　いろいろな季節の自然に触れよう! …………………… 13
- **2歳児** 季節を通して自然と遊ぼう!　春・夏・秋 …………………… 14
- **3歳児** 4月　ケースを持って空き地へ行こう! …………………… 16
  - 5月　春の自然を楽しもう …………………… 16
  - 6月　雨降り散歩に出かけよう …………………… 17
  - 10月　山に出かけよう! 〜いろいろな葉っぱを見つけたよ!〜 …………………… 18
  - 11月　いろいろな秋の自然を楽しもう …………………… 19
- **4歳児** 5月　雨降り散歩 …………………… 20
  - 10月　秋の自然探し …………………… 22
- **5歳児** 11月　自然散歩 …………………… 24

Column 興味が広がる♪　市松模様シート …………………… 28

Contents

2章 自然を見る視点 ……… 31

- ❶ 葉っぱの大きさ ……… 32
- ❷ 変わった葉っぱ探し ……… 34
- ❸ クルクルっておもしろい！ ……… 36
- ❹ 木肌もいろいろ！ ……… 38
- ❺ 顔のような葉っぱの痕 ……… 40
- ❻ 仲良しこよし！ ……… 42
- ❼ 香りを楽しむ ……… 44
- ❽ 円いものを探そう！ ……… 46
- ❾ 木の形を楽しもう！ ……… 48
- ❿ 自然壁画 ……… 50
- ⓫ 葉っぱの広がり方 ……… 52
- ⓬ 虫食い葉っぱ ① ……… 54
- ⓭ 虫食い葉っぱ ② ……… 56
- ⓮ 虫食い葉っぱ ③ 〜ハートを探そう〜 ……… 58
- ⓯ 傷つき葉っぱ ……… 60
- ⓰ 葉っぱの裏に注目 ……… 62
- ⓱ ツートーンカラーを探そう ……… 64
- ⓲ 斑入り葉っぱの美しさ ……… 66

2章 自然を見る視点

- ⑲ 紅葉の仕方 …………………………………………… **68**
- ⑳ つぼみの中を見よう ………………………………… **70**
- ㉑ 生長のずれ …………………………………………… **72**
- ㉒ コケさんのおうち …………………………………… **74**
- ㉓ 根力のすばらしさ …………………………………… **76**
- ㉔ ドングリの根っこ …………………………………… **78**
- ㉕ しずくの世界 ………………………………………… **80**
- ㉖ こんなところに生えている ………………………… **82**
- ㉗ 木から木が生えている ……………………………… **84**
- ㉘ 食い込んでいる木 …………………………………… **86**
- ㉙ キノコが生えている！ ……………………………… **88**
- ㉚ キラキラきれい！ …………………………………… **90**
- ㉛ アリさんの道路！ …………………………………… **92**
- ㉜ カタツムリの食べ痕 ………………………………… **94**
- ㉝ 幼虫のおうち ………………………………………… **96**
- ㉞ フンを見よう！ ……………………………………… **98**
- ㉟ 羽化できなかったセミたち ………………………… **100**
- ㊱ 草木や昆虫の赤ちゃん ……………………………… **102**
- ㊲ クモの巣の個性 ……………………………………… **104**
- ㊳ 羽の細やかさ ………………………………………… **106**

Column 植物だけでなく、ありとあらゆる
自然界の存在や営みに触れよう …………………… **108**

Contents

3章 どうしたらいいの? 保育者からのお散歩Q&A ······ 109

0・1歳児の散歩 ······ 110
0・1歳児へのことばがけ

雨降り散歩 ······ 111
周りに自然が少ない

散歩コース ······ 112
草花を持ち帰った後に

花を摘むこと ······ 113

生き物を乱暴に扱う子ども ······ 114
虫が苦手な子ども

食べられる植物 ······ 115
危険な動植物

季節探し ······ 116

Contents

4章 自然散歩のコツはこれ！ ……… 117

1. 自然散歩が目指すもの ……… 118
2. 「自然の観察」は「いのちの観察」 ……… 119
3. 自然散歩はこんな力を養います ……… 120
4. 自然に直接学ぶ活動の促し方 ……… 122
5. 自然観察の具体的な指導のあり方 ……… 124
6. 美しい心を育む自然観察〈散歩が保育を変える〉 ……… 126

1 お散歩に出かけよう!

実践レポート

実際の園での散歩の様子を実践レポート！
子どもたちのイキイキした様子を
紹介します。

お散歩に出かけよう！

保育者必見　お散歩の心得

1. 知ることよりも豊かに感じよう！

きれい！　　かわいい！　　すごい！　　おもしろい！

- 生き物の名前を知ることではなく、その生き物の形や動きなどそのもののいのちをじっくりと味わうことが何よりも重要！
- 自然を思い切り楽しむことが散歩の最大の目的！

2. 自然の中で不思議をいっぱい見つけよう！

なぜ？　　どうして？　　おかしいな？　　ふしぎ？

- 正解など分からなくても結構。問いを見いだすことこそが大切！
- 問いが膨らむほどに自然と仲良くなれる！

3. 急がず、ゆっくり、じっくり、一歩一歩が散歩の目的！

出会いを楽しむことが散歩の意義　　できるだけゆっくりと歩くことが何よりも大切！

- 探すよりも出会えることを期待して歩もう！
- 自然の声を聴こうとする姿勢で心のアンテナを張ろう！

お散歩に行こう！

0歳児　5月

- **ねらい**　様々な自然に興味をもって触れる。
- **主な活動**　いろいろな草を触ってみる。小さな虫に気付き、その動きを見つめる。

「わあ、なんだ」

▲自然の中で過ごすのは気持ちいい！

「いっぱい付いてるね」

▲保育者と一緒に手に取ったり、自ら触りに行ったりしています。

▲いろいろな草の感触を味わっています！

「みてみて！」

▲自分で興味のあるものを見つけました！

どんな豊かな心が身についたか

- 保育者がやっている姿を見て、自分もやってみたいという意欲が膨らむ。

どんな力が身についたか

- 「（昆虫や花などを）かわいいね」「きれいだね」などと声を掛けることによって、昆虫や花を愛でたり、優しい気持ちが育まれたりする。

お散歩に出かけよう！ 実践レポート

1歳児 4・5月 散歩に出かけよう！

ねらい 春の自然を体いっぱいに感じる。
主な活動 春の暖かい日ざしを受ける。小動物の動きを見つめる。

園の近くの空き地

あっちー

◀散歩に出発！ 途中で気になるものが！ 保育者に指し示してくれました。

キャー

▲空き地に着いて走り回ったよ！

▲途中でお茶休憩！

▶座り込んで草に夢中です。

▲帰りに池にも寄りました。コイにも興味津々！

どんな豊かな心が身についたか

- 身近な自然の面白さに共感できるようになる。

どんな力が身についたか

- 保育者や友達と手をつないだり、散歩ロープを持って歩いたりすることができるようになった。

10月 いろいろな季節の自然に触れよう！

ねらい 秋の自然に触れて遊ぶ。

主な活動 草むらでバッタを探してそっと触れてみる。
いろいろな木の実を拾い集める。

どこどこ〜

空き地

▲虫を見つけて「あったー」と言って、自分たちでさらに探そうとしていました。

そ〜っと！

▲保育者がつかんでいるのを見て、恐る恐る触ろうと…。

ドングリ拾い

ドングリ〜

▶ドングリを見つけるとうれしそうに見せに来たり、散歩バックに入れたり、大切そうに握りしめたりしていました。

グミの木散歩

グミ？

▲グミの実など、食べられるような実に興味を示し、触ったり、食べてみたり…。

どんな豊かな心が身についたか

- 虫や生き物、木の実を見つけると心から喜び、自然を感じることができる。
- 保育者の「お手てつなぐよー」の声掛けにより、自分から友達と手をつなぎに行こうとする姿が増えてきた。
- 散歩バックを持つことで、自分で見つけた物を大事そうにバックに入れて持ち帰り、保護者にも「みてー」と見つけた物を見せる姿があった。

どんな力が身についたか

- 大きなバッタにもそっと触れることができるようになった。
- ドングリ以外の木の実にも目が向けられるようになった。

お散歩に出かけよう！ 実践レポート

季節を通して自然と遊ぼう！

2歳児

> **ねらい** 五感をつかって自然に触れ、親しむ。

春

主な活動

花の蜜の味を体験する。
身近な虫をじっくりと見る。

▼テラスで遊んでいるとトンボが遊びに来ました！ シャーレに入れると、みんなが安心してじっくり観察。

「あしある？」

▲サクラの蜜ってどんな味？

夏

主な活動

バッタなどの子虫の成長に気付く。
草も大きく生長していることを実感する。

▼赤ちゃんカマキリ。小さな小さな命をそっと見守る子どもたち。

▲長いつるを発見！
うんとこしょ！
どっこいしょ！

「キャーつめたいね！」

◀雨上がりの散歩。モミジの下に集まって木を揺らすと、しずくちゃんシャワーが！

❶ お散歩に出かけよう！ 実践レポート

秋

主な活動
自分が面白いと思うものを探す。秋の森を体いっぱいに感じる。

▼「ウサギのボールみっけ！」

▼「おんなじ！」

▲「わたしのサクランボマーク！」

▶知っている歌に例える子どもたち。少し見える空に雲が動いて見えました。

こうじょうのエントツ！モクモク～

上を見て!!

▲こけた友達に「だいじょうぶ？」「ありがとう」。葉っぱが守ってくれたのでけがなし!!

▲「あながあいてる！こうじちゅうやねん！」

どんな豊かな心が身についたか

- 見つけた自然物から想像を膨らませる。
- 命あるものを優しく大切にしようとする気持ちが育つ。
- 友達が発見した物にも興味を持ち、見せ合いっこをして楽しむ。

どんな力が身についたか

- いろいろな動植物の命に気付く。
- 雲の流れ・形、空の色、太陽のぬくもりなど、自然事象に気付く。
- キノコやウルシなど、触れても良い物、危険な物を知る。

お散歩に出かけよう！ 実践レポート

3歳児 4月 ケースを持って空き地へ行こう！

ねらい シャーレ、ルーペ付きケースを上手に使って、生き物や植物をじっくり見て、興味・関心をもつ。

主な活動 春に見られる虫や小動物を近くでよく見る。

フワフワがある〜
▲シャーレに入れてじっくり観察！

カナヘビさん、いきしてるよ
おなかブクってうごいてる！
▲下から見てみたよ。

▼ルーペ付きケースに入れて。
テントウムシさんのおめめしろーい

5月 春の自然を楽しもう

ねらい 春の草むらの自然に触れる。この季節の自然物を集める。

主な活動 面白いものを探し、草むらで遊ぶ。見つけたものを市松模様シートの上に並べる。

▲「イシクラゲだよ」「なんかきもちわるい」と言っていた子どもも保育者が率先して触ることで、安心して触り、「プニプニする」と感触を楽しんでいました。

▼お花とイシクラゲ、コラボしました。
ほら、かわいいでしょ

▶草むらでかくれんぼう♪

▼イシクラゲの新メニュー

いないいない
どーこだ

ばあ〜

① お散歩に出かけよう！ 実践レポート

◀みんなで集めた草花をドサッ！ 一人だけ、小さな豆を並べていました！

あかちゃんみたいなおマメ〜

▲ピーピー豆を練習中！

6月 雨降り散歩に出かけよう

ねらい 雨の日の自然を楽しむ。
主な活動 雨の日の小動物の動きや水たまりを楽しむ。

わぁ〜クモのす、きれい！
▲草にできたクモの巣を見つけた！

かわみたい

おおきいカタツムリ！

◀こま回しならぬ傘回し!! 一人が回したのをきっかけに次々と傘回し。傘の花が大きな水たまりに浮かんでいました。

どんな豊かな心が身についたか

- ケースを使いながら、虫を様々な角度から観察することができ、発見した感動を友達と共有する。
- 虫の体の動きや目・口などについて観察することで、生きていることや、命について気付く。

どんな力が身についたか

- 豆笛を教えてもらい、見たり触れたりするだけでなく、音が出ることの不思議や面白さを感じ、より自然に対しての興味が強まった。
- 雨の日の現象を楽しむ工夫ができた。

お散歩に出かけよう！ 実践レポート

3歳児 10月 山に出かけよう！
～いろいろな葉っぱを見つけたよ！～

ねらい 散歩する中で、山の中の自然に触れる。
主な活動 山でいろいろな葉っぱや、山でしか出会わないものを探す。

チクチクのはっぱ！
せんせいさわってー

だれがたべたん
だろう？

▼ムカゴの葉っぱを見て…

キツネさん
みたい！
キツネのおかお

カボチャの
はっぱ！

このはっぱ、
カレーあじと
イチゴあじと
サケあじ！

どんなにおい
するんやろー

どんな豊かな心が身についたか

- 公園とは違う山の静かな雰囲気を実感してゆったりする。
- 山の多様な生き物に目が向き、面白さが分かる。

どんな力が身についたか

- 3歳児ならではの、想像力豊かな言葉で表現できるようになった。
- 子どもたちが自ら自然に触れるようになった。
- 山の中では、鳥の声・風の音など耳を澄ましていろいろな音にも気付けるようになった。

① お散歩に出かけよう！ 実践レポート

11月 いろいろな秋の自然を楽しもう

ねらい 多様な秋の自然に触れる。
主な活動 様々に紅葉や黄葉している葉っぱや多様な木の実を探す。

ぼくもほしい
○○ちゃんも！

▲タイムセールのようにグミを収穫する子どもたち。

▼ドングリを見せてくれました！

▲真っ黒シートの上に広げてみたよ！

▲市松模様シートに並べてみたよ！

▶お兄さんも一緒に！

どんな豊かな心が身についたか

- 想像力が豊かになり、自然物や生き物の気持ちになって代弁したり、大切にしようとする気持ちが育まれている。
- 自然と触れ合うことで、そのすばらしさや厳（おごそ）かさを感じることができる。

どんな力が身についたか

- 散歩の経験を重ねてきたことで、短い距離でも視野を広げて様々な木の実や葉っぱを見つけることができるようになった。
- 同じ葉っぱでも、紅葉している色彩に着目する子、穴があいていることや、穴の形や数に着目する子、手触りに着目する子、形を見立てる子など、様々な視点で観察する力がついた。

お散歩に出かけよう！ 実践レポート

4歳児 5月 雨降り散歩

ねらい
- いつもと違った雰囲気（空気感や湿気、水たまりや雨など）を五感で感じ、保育者や友達と一緒に共感していく。
- カッパや傘など、雨具の使い方に慣れる。

主な活動 しずく探し、水たまりに入ってみるなどする。

いまから おさんぽ！

▲いつもと違う雨降り散歩にウキウキ、ワクワク。

はっぱのうえに しずくちゃん いたー！

▲しずくちゃんを探そう！

どこかな？

しずくちゃん、こっちにもいた！

キラキラしてる！

すごい！きれー！

▲クモの巣に付いた水滴。

ぬれて のぼれないな

▲登ったり、下りたり…。

がんばれー!!

こわーい

① お散歩に出かけよう！ 実践レポート

つめたい！
くつしたぬれた！

わたしもはいってみようかな

▲水たまりに初めは恐がっていた子どもたちも、保育者がダイナミックに入ってみると…。

▲▶水たまりに入ってバシャバシャ！

ここのみずたまりおおきいなー

くつぬれちゃった！

どんな豊かな心が身についたか

- 「やりたいな」「やってみようかな」と思う気持ちが芽生え、挑戦しようとする意識がもてるようになる。
- 「○○のほうがおおきい」や「さっきとちがうなー」など、自然に触れることで、考える力が身につく。

どんな力が身についたか

- 挑戦意欲、探究心、考察力が身に付いていく。
- 五感をしっかりつかい、様々なものを感じることで、楽しさやうれしさなどの気持ちが素直にもてる。また、その思いを保育者や友達と共有することでコミュニケーションが取れる。

お散歩に出かけよう！ 実践レポート

秋の自然探し

4歳児　10月

ねらい
- 秋の自然物に触れ、いろいろな発見をする。
- 保育者や友達といろいろな発見を共感し合い、自然の不思議さを感じる。

主な活動　木の実、花、葉、キノコなど秋らしいものをたくさん探す。

「からっぽのイガみつけたよ！」

◀▲たくさん見つけたよ！

「クンクン カキのにおい！」

「きれいないろ たくさん！」

▲キンモクセイ いい匂い！

▶ススキもいっぱい！

① お散歩に出かけよう！ 実践レポート

きにあなが あいてる！ なかはどう なってるの？

▲穴を見つけて…。

▲キノコ持ちたいけど危ないかも？ と、葉っぱで！

◀市松模様シートに貼って…。

どんな豊かな心が身についたか

- 子どもたちならではの視点で発見し、想像力を豊かにすることができた。
- 小さな葉っぱや木の実などを見つけ、何の葉っぱか、何の木の実かなど興味をもつようになった。

どんな力が身についたか

- 自然探しの際は、保育者との約束や注意事項などをよく聞き、取り組むことができる。
- 危険な場所、物、安全かどうかを見定めてから見たり、触ったりしている。

お散歩に出かけよう！ 実践レポート

5歳児 11月 自然散歩

ねらい
- 秋の自然に触れ、物の大きさや形、不思議さに気付く。
- お気に入りの植物を発見し、ワクワクシート（市松模様シート）を用いてじっくり観察する。

主な活動 秋になって大きく変化した葉や木の実・小動物などを探す。

▲横断歩道では自分の存在を相手に伝えるために手をあげて歩きます。

▲出発前に今日のお散歩の説明を聞いて……出発！

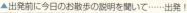

うわ！あかいろ！

ふじさんのかたち

キンキラのいし

▲途中で発見！

うわ！クモってすごい！あんなことできるー！

▲公園に着いてさっそく見つけました！

① お散歩に出かけよう！ 実践レポート

お散歩に出かけよう！ 実践レポート

にじいろ キノコやぁ～

▲▼倒木をまたぐ子、くぐる子

あっ！ きの かいだんや！

❶ お散歩に出かけよう！ 実践レポート

▲ 一人ずつ、採集した自然物を好きなシートに並べました。

「ただのぬのだったのに、みがならぶときれい！」

▲ 途中で雨が降り出したけれど、「ここならだいじょうぶ！ きがまもってくれるから」

「あっ！にじだ！」

どんな豊かな心が身についたか

- 葉っぱだけを集める子どもの中にも、大きい葉っぱだけや小さい葉っぱだけの子ども、実やキノコや葉っぱや抜け殻、目についた物は次々に集める子どもなど様々。
- ワクワクシートに並べるときは、小さい物は小盤型に、大きい物は大盤型に、小さい物でも大きい物でも、色のきれいな物は黒い布にと、それぞれの形や色を見て美しく見えるように考えながら当てはめる力がついた。
- ふだんの自然探しでたくさんの自然物を目にしているが、布の上に置いて改めてじっくり観察すると、ただの白黒だった布がやわらかくきれいに、そして優しくなったと感じることができた。そこから自然のありがたみを知ったり、自然物は山へ返してあげる優しい気持ち、自然への感謝を感じることができた。

どんな力が身についたか

- 友達の採集した自然物など、お気に入りの物を見たり見せ合ったり、また自分の思いを言葉に表し伝えたり、相手の説明を聞くことでより理解が深まる。こうしたやり取りを通してコミュニケーション能力も身につく。
- 自分自身の感性をもちながらも、自分以外の友達のもつ世界観に気付くという新しい発見や貴重な体験ができる。また、互いの感性を認め合い共感し合えるという経験から、イメージを膨らませるなどの広がりがもてる力が身につくことも散歩の醍醐味になる。

Column

興味が広がる♪
市松模様シート

P.17・19・23・27の実践レポートでも使用している
市松模様シート(ワクワクシート)を紹介します。
散歩に持って行くと、自然を見る視点がさらに広がります。

遊び方

1. 市松模様シートを用意する(手芸店などで購入)。
2. 風に当たらない平らな所に布を敷く。10分など時間を決めて、探しに行く。
3. 集めてきた物を、白か黒の見やすい方のマス目に選んで置く。
4. 並べた後にみんなで見る。

市松模様の布が見つからない場合は作ってみよう!

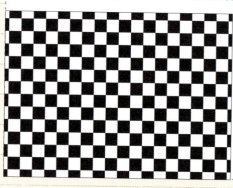

作り方

1. 左の市松模様を拡大コピーする。
   - 200%×300%拡大するとマス目が2cmのサイズになる。…Ⓐ
   - Ⓐをさらに200%拡大するとマス目が4cmのサイズになる。…Ⓑ
   - Ⓑをさらに200%拡大するとマス目が8cmのサイズになる。
2. B4など使いたいサイズに切り取って、ラミネート加工する。
3. 両面テープをマス目の筋に合わせて貼る。

Column 興味が広がる♪ 市松模様シート

季節が変わると…

 夏

石ころ！

 セミの抜け殻も！セミも発見！

 秋

 ボタン！

 マツボックリやキノコも！

 マス目の大きさを変えると集める物も変わるよ！

生き物も見つけたよ！

動く物はシャーレに入れよう

場所を変えてみると…

田んぼ

なかには幼虫も!

海辺

いろいろな貝殻を見つけたよ

「赤い葉っぱを探そう!」「ドングリを探そう!」など、探す物を限定すると新しい発見につながりますよ。

2

自然を見る視点

見逃しがちな自然を見る視点。
子どもたちが気付いていても
保育者が見逃していませんか？
身近な自然は、いのちの学びへも
つながっています。

自然を見る視点 ❶
葉っぱの大きさ

あれ？大きさが違う！

葉っぱの大きさを意識したことがあるでしょうか。左の写真は、同じケヤキの木の落ち葉です。付いている場所でこんなに大きさが変化するのですね。

なぜ？どうして？　どうして大きさが違うの？

若い枝に付く葉は大きく、古い枝に付く葉は小さい。若い枝は早く成長したいので大きな葉を付けるようです。葉の大きさは千差万別で、時には葉形までも大きく変化します。葉はけっこう自由自在に生きているのです。

❷ 自然を見る視点

ほかにも見つけたよ！

▲アキニレの葉っぱもこんなに大きさが違う！

こんなおおきなはっぱも！

◎ こんなことを学びたい

環境に応じて伸び伸びと

　サクラの葉と言えばこれくらいのものと決まっているわけではなく、そのときその場の環境に応じて自由に変化していきます。いのちの生き方の自由度は思う以上に大きい。いのちは固定化されるのを嫌います。私たちが思う以上に、もっと自由で伸び伸びしているのですね。

自然を見る視点 ❷

変わった葉っぱ探し

　同じ種類の木や草の葉っぱを一枚ずつ丁寧に見ていくと、中には変な形の葉っぱが見つかります。写真のアサガオの葉っぱのように面白い形に変形した葉っぱを探してみましょう！

形が違うのはなぜ？

　植物の体の中でも葉は最も形が変わりやすいです。環境条件や小さな芽のときに虫に食われたり、また葉っぱの病気などのいろいろな原因で葉が変形したりするのです。その変形の仕方は千差万別で面白いです。実は、四つ葉のクローバーも変形した葉の一つなのです。

❷ 自然を見る視点

ほかにも見つけたよ！

なんかてぶくろみたい！

▲このようにグネッと曲がっている葉っぱも見られます。これは右側が虫食いなどで十分に伸びきれなかったのでしょう。葉っぱの先が右を指しているみたいですね！

◎こんなことを学びたい

葉は自由に形を変える

葉の形は植物の種類によってそれぞれ決まっています。しかし成長過程で様々な影響を受けることで、多様に変異するのが葉の特徴でもあります。いのちの発現はけっこう自由自在に融通の利くものらしい。形は少々違っても葉としての働きは同じで、植物体にとっては変わりものの葉でも同じ価値があるのですよ。

自然を見る視点 ③
クルクルっておもしろい！

クルクルの はっぱ！

　身近な植物にはクルクルしているものがあります。右巻きや左巻き、つるの先がどこかに巻き付いていたりするものなど、様々な表情を探してみましょう！

なぜクルクルしているの？

　植物のつるの出し方にはそれぞれ特徴があって種類ごとに違います。また、これから巻こうとしているもの、面白い所にしっかりと巻き付いているものなど、自分の体を安定させるための動きがとても興味深いですね。

❷ 自然を見る視点

▲つかめる所がなくて真っすぐに伸びている。

ほかにも見つけたよ！

◀困ってグルグルになっている。

◎こんなことを学びたい

巻き付くのが仕事

　つる植物はしっかりと直立する茎をもちません。どこかほかのものに巻き付いて自分の体を支えるのです。このような他者に依存する生き方もあるのですね。しかしその分早く生長して独自の役割を果たします。細い糸のような巻きひげやつるが支えとなるのです。

自然を見る視点 ❹

木肌もいろいろ！

　街路樹などの木肌を見ると、実に様々な模様をしています。左の写真は、「かいじゅうの肌」のようで、右は、「波」のような模様。よく見ると面白い木肌がありますよ。探してみましょう！

模様はどうしてできるの？

　木には、生長して幹が大きくなってくるのに伴って、ヘビが皮を脱ぐように、虫が脱皮するように、樹皮を脱ぎ捨てていくものがあります。樹皮がめくれないでつるっとした木もあります。種類ごとに樹皮の様子がそれぞれに違うのですね。

❷ 自然を見る視点

ほかにも見つけたよ！

▲「魚のうろこ」のよう

▶「ジグソーパズル」のよう

わぁー おもしろい！

◎ こんなことを学びたい

形の違いは働きの違い

　木は種類ごとに、葉も花も実も種も樹形も、そして樹皮も違います。葉や花には目が向きやすいが、樹皮を見ることを忘れていることが多いです。いのちは形だけではなく、生活の仕方そのものがみんな違っています。それぞれの働きの違いであることに気付けるといいですね。

自然を見る視点 5

顔のような葉っぱの痕

このナマケモノの顔のようなものは、葉っぱが付いていた痕。この表情は木によって異なり同じものは一つとしてないのです。いろいろな痕を探してみましょう！

顔の正体は何？

落葉樹は冬になると全部の葉を落として休眠します。その葉が落ちた痕には面白い形が見えます。これを葉痕と言いますが、目と鼻に見える部分が水や養分が通っていた管の痕です。鼻の上の緑の小さな丸いものが芽なのです。

❷ 自然を見る視点

ほかにも見つけたよ！

◀同じ木でもこの葉痕は、少し怒っている表情に見える。

◎ こんなことを学びたい

何を話し掛けているのだろう

　葉を落とした木を見ると「枯れている」と思う子どもが多いです。しかし、小枝の葉の痕をじっと見つめると、なんだか植物が語り掛けてくれているように思えてきます。そして生きているのかな？　と見方が変わります。これはいのちに出会う窓のようなもの。ここからいのちの小さな営みをのぞいてみましょう！

自然を見る視点 ❻

仲良しこよし！

　キノコや草が二本横に並んで生えているのをよく目にします。この草も何かお話をしているようで仲良しに見えますね。このような仲良しに見える生え方をしているものを探してみましょう！

なぜ？どうして？

一緒になっているのはなぜ？

　広い場所があるのになぜ寄り添って生えているのかと思いますが、植物は土の中で枝分かれや株分かれをしています。また芽が２つや３つできたりもします。それらが伸びると地上部では、仲良く並んで生えてくることになります。もし一つが傷付いても成長していくことができるので、いのちの保障にもなっているのですね。

❷ 自然を見る視点

ほかにも
見つけたよ！

サクランボ
みたいだよ！

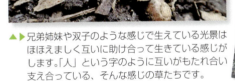

草たちも仲良く
お話をしている
ように見えるよ！

▲▶ 兄弟姉妹や双子のような感じで生えている光景は
ほほえましく互いに助け合って生きている感じが
します。「人」という字のように互いがもたれ合い
支え合っている、そんな感じの草たちです。

◎ こんなことを学びたい

競争と見るか、支え合いと見るか

　自然界では一見競争しているように見える場面もありますが、広い視野で見れば、いのちは互いに支え合って生きています。これらの写真は別の種類ではなく、同じ株のものが並び生えているだけですが、空間を分け合って仲良く生きている姿と素直に捉えて、いのちを優しく見つめる眼を養いたいですね。

自然を見る視点 7
香りを楽しむ

　いい香りというのは心を落ち着かせてくれます。
「どこからかいい香りがするね」といろいろな花の
香りを体験的に捉えてその違いを感じ取りましょう。

いつもいい香りなの？

　花の香りも種類により、そして花の咲き始め、満開時、咲き終わりという時期によって変わってきます。最も良い香りがするのは、咲き始めから満開にかけての花が最も美しいときなのです。そこに気付くと、花の咲く時期がさらに楽しくなりますね。

❷ 自然を見る視点

ほかにも見つけたよ!

▲葉っぱもいい香り。

▲いろいろな花の香りを感じよう!

◎こんなことを学びたい

花・香・虫・種が一つの世界

花は虫に来てもらって花粉を運んでもらうために、虫向けに良い香りを出しています。つまり、花の香りを嗅ぎながら、この花にはどんな虫が来るのだろうと想像することができたら、花と虫の世界が広がっていのちのつながりが見えてくるでしょう。

自然を見る視点 ❽
円いものを探そう!

　身近な自然の中には円いお皿のようなものがたくさんあります。注意深く探すと、あちこちに円いものが見つかります。きっと、その多さに驚くでしょう。

なぜ?どうして?

どうして円くなるの?

　木の幹の傷が治っていく様子は周りから同心円状に進んでいきます(上写真)。一方、コケのような地衣類(右ページ写真)は、真ん中から周辺に向かってこちらも同心円状に生長していきます。するとやがて、円い形に膨らみ皿のような模様になります。生長の仕方に関係しているのですね。

❷ 自然を見る視点

▶面白いことに、円い地衣類が3つも並んでいる！ 信号機みたいな並び方、どうしてこうなるの？

◎こんなことを学びたい

まるくなるには意味がある

人も成長すると、性格がまるくなるとよく言われます。角が取れて円満になります。自然界の中の円いものもどれも生長の仕方と関係しているのが興味深いですね。平面上で四方八方に均等に生長することで円くなります。人の成長もあらゆる方面で調和が取れてまるくなるといいですね。

自然を見る視点 9

木の形を楽しもう！

　落葉樹は冬になって葉をすっかり落とすと、木の形がそのまま見えてきます。太い枝が勢いよく張っている様子や小枝の広がりが影絵を見るようにシルエットで楽しめます。木の特徴を探してみましょう！

いろんな形があるね

　種類ごとに花や実が違っていることは誰でも知っています。しかし、木の形に目を向けることがないので、それもみんな違っているということに気付かないだけなのです。注意深く観察すると、それぞれに独特の形をもっていることが分かりますよ。

❷ 自然を見る視点

ほかにも見つけたよ！

◀落葉樹の丸い木の形
▼常緑で針葉樹の尖った形

◎こんなことを学びたい

形は歴史の表現

　木の形には、その木がどのように生きてきたかの歴史が刻み込まれています。大きな枝が折れていると、いつかの台風で枝がもぎ取られたのかも知れないと想像できます。とても素直に伸び伸びと枝を広げている木もあります。人もその人の思いの歴史が顔や行動に表現されていることを思いたいものです。

自然を見る視点 10
自然壁画

　上の写真の植物はまるで大きなキャンバスに描かれた作品に見えます。壁をつたって生えている植物は身近にも多いものです。こんな植物を探してみましょう！

なぜ？どうして？

どうして絵が描けるの？

　つる植物の中でも「つた」は壁をつたうことでよく知られています。「つたう」から「つた」という名前になりました。ほかの植物が生えない場所を独占できるのでよく成長することができます。広い場所で伸び放題の絵が描けるのです。

❷ 自然を見る視点

ほかにも見つけたよ！

しっぽみたい！

▶ 上から垂れ下がっている面白さもあるよ！

◎こんなことを学びたい

ほかと違う生き方に意味がある

　茎がはって伸びるのでそれを支えるための吸盤や気根が発達しています。普通の植物とは全く生き方が異なっていますので、ほかの植物と競争することもなく、ゆったりと伸び伸びと生きていけるのです。こんな生き方もあることを学びたいですね。

自然を見る視点 ⑪

葉っぱの広がり方

葉っぱの広がり方に注目すると、どの葉っぱにも光が当たる仕組みになっていることに気付きます。これも植物の生きる知恵なのです。

なぜ？どうして？

どうして広がるの？

植物は光合成をして自分で栄養を作ります。しかしそれには日光が必要です。葉が横向きに広がっているのも日によく当たるためなのです。互いの葉が重ならないような仕組みがあるために葉は四方八方にうまく広がっているのですね。

❷ 自然を見る視点

ほかにも見つけたよ！

▲四方八方に枝が伸びる木。

葉っぱがいっぱい！

◎ こんなことを学びたい

葉の広がり方は生きる智恵

何げなく広がっている葉や枝にも、重なりを避けて全ての葉に日光を受けようとする植物の智恵が働いています。植物もただ何となくそこに生えているのではなく、生きるということは智恵を出して工夫しているということなのです。

自然を見る視点 12

虫食い葉っぱ ①

少し注意して見れば、虫食いのある葉っぱはどこにでもあります。上の左の写真は薄い膜だけを残して食べられています。食べられ方もそれぞれ特徴があり、比べてみると面白いですよ！

なぜ？どうして？

どんな穴があるの？

虫の種類や虫の大きさ、どの部分を好むのかなどによって葉の食べられ方がそれぞれに違います。それで、大きな穴があいているもの、小さな穴がたくさんできているもの、穴が並んでいるもの、葉の端だけ食べているもの、など実に多種多様です。虫食い葉の展覧会ができるほどに。

❷ 自然を見る視点

ほかにも
見つけたよ！

▲虫食い葉っぱからどんな青虫が食べたのか想像するのが楽しい！

だれがたべたんだろうなぁ？

リスさんかな？

むしさんかな？

◎こんなことを学びたい

葉が虫を養っている！

　虫食いの葉に注目すると、これほど多いものかと驚くほどにあります。虫が葉を食べていることは、逆に考えると、葉がたくさんの虫を養っているということでもあります。虫食い葉っぱは、「虫養い証明書」のようなものです。あなたはこれだけの虫を養いましたという勲章です。そう見るとすてきな葉ですね。

自然を見る視点 ⑬
虫食い葉っぱ ❷

> キノコのような
> はっぱのかたちを
> しているよ！

　子どもたちは、虫食いのない美しい葉っぱを集めようとします。ところが虫食いの葉っぱに注目すると、端っこだけが食べられているものや真ん中に穴があいているものなどいろいろなものがあることに気付きます。さらに注意深く見れば虫食いが左右対称になっているものも見つけられます。

右と左が同じなのはなぜ？

　春先、冬芽から二つに折り畳まれた葉が伸び始めます。このとき二つに折れたまま虫が食べると、しばらくして葉が開くと左右対称の虫食い葉となるのです！

❷ 自然を見る視点

▼お面みたい！

> ほかにも見つけたよ！

▲シロツメクサでも左右対称の虫食い葉が見られるよ！

▲キツネさんもいるよ！

◎こんなことを学びたい

もちつもたれつの証

　春、サクラの葉は出てくるなり、毛虫や青虫たちに食べられます。葉は食べられることで毛虫や青虫を育て、やがてその虫たちが鳥に食べられて、ひなたちを育てます。鳥たちは木の実を食べることで木の種をあちこちに運んでくれます。サクラと毛虫と鳥の「もちつもたれつ」のつながりがこの面白い形の葉を作るのですね。

自然を見る視点 14

虫食い葉っぱ ❸ ハートを探そう

　自然の中には、偶然ハートの形になっているものがあります。注意深く見ていると結構出会えるものです。見つけるとなぜか心が温かくなります。葉っぱの虫食いや葉っぱの形など、ハート形を探してみましょう！

どうしてハートになるの？

　自然界でハート形に何か意味があるかというと特にはありません。人が「心＝♡」とイメージ化しただけのこと。しかしなぜかハート形のものに出会うことがあります。これは見立てとしての面白さを自然の中で探し出すゲームのようなものですね。

❷ 自然を見る視点

ほかにも見つけたよ！

▲木の幹がハートの形になっています。傷付いた幹を木自身が修復している部分がハートになっているのです。心の修復でもあるかのように。

◎こんなことを学びたい

見立てを楽しむ

「見立ての面白さ」を味わうことも、自然の中で宝探しをするようなもので楽しいですね。何かに視点を絞って探し出すと、今まで見えていなかったことが見えてくる不思議。漠然と見ないで、ハート形と絞り込むことで世界が違って見えてくるから面白いです。見方を変えると世界が変わることを実感したいですね。

自然を見る視点 15
傷つき葉っぱ

　葉っぱを探すとき、きれいなものを選ぼうします。でも自然にある葉っぱは傷付いたものが多いのです。上の写真の葉っぱは全て虫食いや病気などの傷付き葉っぱです。探してみるとその多さに驚かされます。

なぜ？どうして？

どうして傷つくの？

　植物たちは自然環境の中で様々な苦難に出会っています。葉が虫に食われたり、病気になったり、風や鳥に引きちぎられたりと原因はいろいろ。無傷の葉の方が少ないこともあります。むしろ傷付き葉っぱの方が普通なのです。

❷ 自然を見る視点

▲傷付き葉っぱも、日に透かして見るととても美しい！ 傷や虫食い部分が模様になっている！

ほかにも見つけたよ！

◎こんなことを学びたい

傷付きながらも役目は果たす

　自然界では何もないということがむしろ少ないでしょう。ほかの生物に食べられたり雨や風にさらされたり、台風や雪、病気の発生などで少々傷付いても耐えて、その役割をしっかり果たしてたくましく生きています。その姿に学びたいですね。

自然を見る視点 16
葉っぱの裏に注目

葉っぱの表側はよく見るけれど、裏側はあまり見ることがありません。例えば、この写真のビワの葉っぱは裏に細かい毛がたくさんあり手触りが良いです。このように葉っぱの裏側の様子にも注目してみましょう！

裏側はどうなっているの？

植物の葉の裏側は、表よりもその種類の特徴がよく出ていることが多いです。葉脈が浮き出ていたり、毛が生えていたり、とげがあったり、色が白かったりなど独特の様子が見られます。いつも裏側を見ると何か発見があります。

❷ 自然を見る視点

▲朝露で湿っているアベマキの葉っぱを裏向けると筋に沿ってぬれていた！

ほかにも見つけたよ！

◎こんなことを学びたい

裏から見ると世界が変わる

　いつも表側からしか見なければ、物事の半分しか見たことにはなりません。どんな物事でも人間の場合でも、その裏側にこそ真の表情が隠されていることが多いです。表裏をともに見てこそ物事の全面を見ることができます。裏に面白い秘密が隠されていると気付くことが、物事の見方を学ぶことになります。

自然を見る視点 17
ツートーンカラーを探そう

身近な自然には偶然にもツートーンカラーになっているものがあります。おしゃれしているようにも見えるこのような現象のものを探してみましょう！

なぜ？どうして？

どうして色が違うの？

葉は傷付いた部分の色が変化するので、半分ずつ色が変わることがあります。また小動物は脱皮の際にはダンゴムシのように半分ずつ皮を脱ぐ習性のものがいます。このように色が変わる原因はいろいろですが、見た目は面白い現象です。

❷ 自然を見る視点

ほかにも
見つけたよ！

▲葉っぱの半分が薄い色！

▶脱皮途中の
ダンゴムシ

◎こんなことを学びたい

色の変化は状態の変化

　色に対して私たちは敏感です。色の違いはその部分の状態の違いであることが多いです。色を見比べればその生き物の状態も推測できます。人も顔色を見ればそのときの状態が分かるようなものですね。色の変化はいのちの信号です。こういったものを面白いと捉え遊び心で探すことにも価値があるのです。

自然を見る視点 18

斑入り葉っぱの美しさ

斑入り葉っぱは自然が織りなす美しいデザインです。きれいだなぁと感じる斑入り葉っぱを探してみましょう！

どうしてこうなるの？

自然界にもまれに斑の入った葉があります。しかし、私たちがふだん目にする斑入りの葉をもつ植物は、品種改良されて斑入りを楽しむために作られた植物であることが多いのです。葉緑素がその部分だけ抜け落ちているのです。

❷ 自然を見る視点

ほかにも見つけたよ！

▲葉っぱの種類、個体によって斑の入り方も異なってくる。

◎こんなことを学びたい

斑も葉の個性

　本来斑入りの葉は突然変異した個体にだけ見られる特別な形態ですが、最近はどこにでも見られるので、斑入りを通して植物にも個体差や個性があるのだということに気付くきっかけにしたいですね。本当は斑入りがなくても個体差はありますが、分かりにくいので、斑の入り方で気付くことも発見を広げることにつながります。

自然を見る視点 19
紅葉の仕方

　一枚の落ち葉を見てみると、緑色から赤色へとグラデーションになっていることに気付きます。色の微妙な変化を楽しみましょう！

どうして色が違うの？

　葉は日の当たり方で赤くなったり、黄色くなったりします。同じ木の葉でも、枝のどの部分に付いていたか、またどの方向に伸びている枝に付いていたかによって紅葉の仕方に微妙な変化が出るのです。

❷ 自然を見る視点

> ほかにも見つけたよ！

▲サクラの落ち葉を集めて並べると、黄色から赤色へとグラデーションになっているよ！

> カレーあじとイチゴあじとサケあじ！

◎ こんなことを学びたい

紅葉は太陽の色

　日当たり具合と紅葉の仕方には密接な関係があります。明るい所で生長した葉は美しい。人の成長でも日によく当たる、つまり明るい心をもって歩むことがとても大切なのです。明るさを求めて進むことが美しく生きることに結び付くのですね。

自然を見る視点 20

つぼみの中を見よう

　誰でもつぼみは知っています。でも、つぼみの中には何が入っているのだろう？　と思ってその中を探ってみたことがあるでしょうか。つぼみの断面を見ると、花が折り畳まれてぎっしりと詰まっています。つぼみの中を観察してみると面白いですよ！

中はどうなっているの？

　つぼみが開くと花が咲くわけですから、つぼみの中には花の要素が全て詰まっています。花びら、おしべ、めしべなどが折り畳まれて小さな入れ物の中に納まっているのが面白いのです。特に大きな花びらが小さなつぼみの中にどのようにして納まっているかを観察してみましょう。

❷ 自然を見る視点

わぁ、すごい！

ほかにも見つけたよ！

▲サザンカのつぼみの中

◎こんなことを学びたい

内に秘めたエネルギー、それがつぼみ

　全ての子どもたちが「つぼみ」そのものです。これから成長して人それぞれにすてきな花を咲かせます。その将来の美しい花の大元は、全ての子どもたちに既に内在しています。つぼみの中を見つめることから、人も同じ可能性とそれぞれの特性を内にはらんでいることを再認識したいものですね。

自然を見る視点 21

生長のずれ

　草花を見ると生長にずれがあることが分かります。この植物、ムラサキシキブも実の熟し方のずれが色の変化となっています。生長のずれを探してみましょう！

どうしてずれているの？

　一つの枝にたくさんのつぼみが付いている場合、全ての花が一斉に咲き出すのではなく、枝の根元から先端へと咲き上がっていくようなそんなずれができます。同時に咲く花もありますが、これは植物自体が順次咲かせていくことで虫にも次々に来てもらえるようにしているからです。

❷ 自然を見る視点

ほかにも見つけたよ!

◀ タンポポも綿毛とこれから綿毛になるものと花との3段階にずれている。

▲ ドングリも色が違う!

◎こんなことを学びたい

生長のずれには大切な意味がある

　全ての植物は虫や鳥に受粉を依存しています。一斉に咲くと虫も全て受粉し切れません。また風媒花の場合、風も日によって吹く方向が異なるので様々な場所に花粉を飛ばすことができます。個体差やずれがあることこそいのちが育まれる大事な自然界の法則であるのです。人も個々に違うことがすばらしいのです。

自然を見る視点 22

コケさんのおうち

　コケは足元のいろいろな所に生えています。意識を向けてみると見えてきますよ。どんな所に、どのように生えているのか探してみましょう！

こんな所になぜ?

　今まで見ようとしていなかったコケに注意を向けてみると、至る所にコケの姿が見えてきます。このように、意識を向けることの大切さに気付くことが周りの自然との出会いを開いていくきっかけとなります。

❷ 自然を見る視点

「ほかにも見つけたよ！」

「コケがふわふわできもちいい！」

▲こんな穴の中にも！

「ほんの少しの水でもコケは育つことができるのです。」

▶水が流れる部分にだけコケが生えている！

◎こんなことを学びたい

気付けば至る所コケの世界

　草や木と違ってコケは体も小さく目立ちません。でもコケは自分の住むことのできるぎりぎりの環境で、ひっそりと細々と、しかしたくましく生きています。コケは草木が育つためのいわば苗床の役目も果たしています。コケにはコケの役割があるのです。

自然を見る視点 23

根力のすばらしさ

　雨で土が流されてしまって根っこの部分が浮き出ている状態です。根の張り方がとてもたくましいです。改めて様々な木の根力を感じてみたいですね。

なぜこんなに大きいの？

　木の根は土の下に隠れているのでふだんは気にすることもないのですが、どの木を見ても根はどのように張っているのだろうと想像してみるとよいでしょう。全ての木は地上部の幹枝と同じ量だけ、地下部に根を張っています。こう思って木を見上げると、きっと違って見えることでしょう。

❷ 自然を見る視点

ほかにも見つけたよ！

▼こんなに太い！　地面の中はどうなっているの？

▲網のようになっている根っこもある！

◎こんなことを学びたい

根は縁の下の力持ち

　枝葉や幹という見える部分は、見えない地下部の根に支えられています。そして根は木全体を支える働きとともに、水や養分を吸収する働きをしています。私たちが生きていく上でも、自分を支える力と、自分を成長させる養分を与える根を養うことが何よりも大切であることを自覚したいですね。

自然を見る視点 24

ドングリの根っこ

　「ドングリ＝工作の材料」としての見方が多いですが、本来の姿はいのちそのものです。落ち葉の下など湿っている場所で根っこが生えているものを探してみましょう！

なぜ？どうして？　全部のドングリがそうなの？

　ドングリが落ちた秋にすぐに根を出す種類は「クヌギ・コナラ・アベマキ」の3種類に限られています。その他のドングリは落ち葉の下で春まで休眠しています。上の写真はクヌギの仲間でアベマキが発根しているものです。

❷ 自然を見る視点

ほかにも見つけたよ！

ドングリだよ！

▲これも根が生えてくるかな？（5歳児）

▲根っこをしっかりと伸ばしているドングリ（土の中から根っこを掘ったもの）。

◎こんなことを学びたい

森の中のドングリの役割は大きい

ドングリは乾燥に大変弱く、乾くと割れて干からびてしまいます。でも多くのドングリは虫やネズミや鳥たちに食べられることで森に住む動物を養い、そのことが森全体を守り育てる働きとなっています。

自然を見る視点 25

しずくの世界

　雨上がりには、葉っぱや枝など至る所にしずくが付いています。しずくを見つけて、そっと中をのぞいてみたら周りの景色が見えますよ！

なぜいろいろな形なの？

　一粒の水滴がレンズの働きをして周りの景色を写し出してくれます。上の写真は球体をしていますが、右上のものは楕円形をしています。その形状によってしずくに写る景色も変わります。場所ごとのしずくの形に注目してみましょう！

❷ 自然を見る視点

ほかにも見つけたよ！

▲しずくの中に周りの景色が逆さに映っているよ！　葉脈もしずくのレンズで拡大されてよく見える！

しずくちゃんだ！

▶2歳児

◎ こんなことを学びたい

ミクロの中にはマクロが含まれる

　一滴のしずくも球体、地球や月や太陽も球体、極小と極大が同じ形状であることがこの世界の成り立ちの法則。この不思議な世界の中に周りの景色を全部写し出す美しさ、これも自然界のすばらしさ！　法則や秩序は美そのものですね。

自然を見る視点 26

こんなところに生えている

植物は種子が運ばれた場所で育ちます。それがたとえコンクリートの隙間でも、場所を選ばずに置かれた所でたくましく生さています。町や公園の中でそのようにたくましく暮らしている植物を見つけてみましょう！

どうしてこんな所に？

こんな所で生きていけるのかと思われる場所でも植物たちはしっかりと育っています。そのわけは根にあります。根はどんなに細い隙間にも入り込んで広がり、水や養分を吸収します。この根がこれらの植物を支えているのです。

❷ 自然を見る視点

ほかにも見つけたよ！

すきまからだ！

◎こんなことを学びたい

見えない所でがんばる根

　私たちは地上部しか目を向けないですが、植物が育つにはしっかりと根を張ることが大切です。地上の葉や茎がこうして育っているのは、地下部の根の力です。コンクリートの割れ目の奥には土があり、根がしっかり張っています。

自然を見る視点 27

木から木が生えている

　一本の木のくぼみや隙間から、別の種類の植物が生えている光景は珍しいものではありません。木はけんかもせずに仲良く生きています。

どうして木から？

　木の幹のくぼみに少しでも木くずや土などがたまると、そこはほかの植物の苗床となります。種は鳥が運んで来てくれます。フンと一緒に落ちた種は養分をもらってまかれたようなもの。でもここでは大きくはなれないのです。

❷ 自然を見る視点

▲サクラの木にヤドリギという別の木が生えている。
ヤドリギはサクラなどの枝に寄生して水や養分をもらう。

ほかにも
見つけたよ！

あっ！
あんな
ところに！

◎こんなことを学びたい

木の上に育つ木も苦労して生きている

　木の幹上で育つには雨が必要です。でも誰も水を与えてはくれません。定期的に雨が降らないと枯れてしまいます。木のくぼみで発芽して生長するには、どんな困難を乗り越えてきたのか考えてみたいですね。雨と土と日光など様々な条件がそろってこそ生きていけるのです。改めて生きる支えに目を向けたいですね。

自然を見る視点 28

食い込んでいる木

　気を付けて見ていると、何かに食い込んでいる木があります。その原因を考えると、人と自然との関係に目を向ける良いきっかけになります。

なぜ？どうして？

どうしてこうなるの？

　木は生長すると幹が大きくなります。その幹と接して何かがあると、それを取り込んでさらに生長を続けることになります。そしてついには食い込んでしまうのです。特にフェンスや支柱などを食い込ませている木をよく見かけますね。

❷ 自然を見る視点

ほかにも見つけたよ！

▲フェンスに食い込んでいるフジ。

◎こんなことを学びたい

人工物は木にとって邪魔物

本来は木も伸び伸びと枝を広げて生長したいのですが、街では木に接して何かと邪魔物があります。人が木に対して優しさがあれば、食い込んでしまう前に何とかできるはずなのですが、多くの場合そのままで放置されています。いのちへの思いやりが必要ですね。

自然を見る視点 29

キノコが生えている！

▲仲良しキノコ！

しゃがんでコケの隙間を探すと、小さなキノコが生えていることがあります。かわいいキノコとの出会いを楽しみましょう。

▲家族のキノコ！

なぜ？どうして？

どうしてここに生えているの？

コケの体は水をたっぷりと含むことができるので、保水力がすばらしいです。キノコが生えるためにはたくさんの水が必要です。そこでコケの中でキノコが育ちやすいというわけなのですね。

❷ 自然を見る視点

ほかにも
見つけたよ！

みて！
おおきなキノコ
あった！

▶4歳児

あそこに
キノコ！

▶5歳児

◎こんなことを学びたい

コケやキノコは森とつながっている

　コケとキノコは仲よし。コケのじゅうたんの中にいろいろなキノコが顔を出します。キノコはコケからたっぷりの水をもらい、キノコはものを腐らせる働きによって栄養を作ります。その栄養でコケを苗床にして草木が育ちます。いのちは互いに働きを分担して暮らしているのですね。

自然を見る視点 30

キラキラきれい！

　道路の端に生えている草に、日光が当たる瞬間は本当に美しいです。舞台上のスポットライトみたいですね。光は全てを照らしていることを実感しましょう。

どうしてキラキラするの？

　朝日や夕日など斜めから射す日光が小さな草を照らすと、葉が透けて見えて色合いが一気に増します。すると、今まで周辺の環境に埋没していた草たちが急に浮かび上がります。日光の効果は抜群ですね！

❷ 自然を見る視点

ほかにも見つけたよ！

おひさまがキラキラしている！

▶2歳児

まぶしいね！

▲5歳児

▶道路にポツンと生えている草にも光は当たる。

◎こんなことを学びたい

心のスポットライトを照らそう

スポットライトというのはある一点のみを照らす役割があります。日光は常に地球全体をくまなく照らしてくれます。自然を見る側の私たちが、日に照らされている小さないのちに目が向いたとき、日光がスポットライトに変わります。それは私たちの心のスポットライトが小さな草に注がれた瞬間なのです。

自然を見る視点 31
アリさんの道路!

サクラやケヤキなどの幹を見ると、一本の筋のようなものを発見することがあります。この筋は何？ まずは、このようなものを探してみましょう！

どうしてできるの？

これはアリの通る道で「蟻道(ギドウ)」と呼ばれるものです。アリの中には木の上で餌を求めて暮らしているものがいて、地面から木の上に通う通路をこのように作るのです。

❷ 自然を見る視点

▲エノキの幹にある蟻道。幹のでこぼこのこの道を使うと平らで真っすぐに登れるのでとっても便利！

ほかにも
見つけたよ！

葉っぱにも
アリさんの
道路みたいな
線がある！

◎こんなことを学びたい

小さくてもいのちはすごい！

　アリは地面にいるものと思い込んでいますが、木で暮らす種類もいるのです。さらには、アリなりに工夫して幹と地面を往復するのに歩きやすいように道まで付けているなんて！　アリは小さくても集団生活をしてとても賢いんだということに改めて気付かされます。体の大小ではなく、どんなに小さくてもいのちあるものは生きる知恵があることを再認識したいですね。

自然を見る視点 32

カタツムリの食べ痕

一体この模様はなんでしょう？　その正体はカタツムリが食事をした痕なのです。非常に特徴のある模様なので、注意して見ればすぐに見付けられますよ。

なぜ？どうして？

どうしてこうなるの？

コンクリートの壁や看板、ガードレールなどの表面にコケのような緑色の藻類がよく付着します。カタツムリやナメクジはそれを餌として食べています。しかも歯で削り取っているのでこのような模様ができるのです。

❷ 自然を見る視点

ほかにも見つけたよ！

▼まるで芸術作品のような食べ痕！

◎こんなことを学びたい

いのちの共通性・生きるために食べる

　カタツムリに歯があるの？　と思いがちですが、カタツムリもしっかりと歯を持っています。私たちと同じなんだと親近感が湧いてきます。歯といってももちろん形は違いますが、生きているから餌を食べることは同じ。いのちの営みの共通性を実感したいですね。

自然を見る視点 33

幼虫のおうち

この写真のように葉っぱが包まれているのを見つけたことがあるでしょうか？ この中には、幼虫が住んでいます。いわば、幼虫のマンションですね。

どうして中にいるの？

青虫や毛虫の中には、葉を丸めてその中に巣のような空間を作って生活するものがいます。葉の上にいると鳥に見つけられて食べられてしまうからです。隠れ家のように身を隠すために葉を上手に丸めてしまうのです。

❷ 自然を見る視点

ほかにも見つけたよ！

▲たくさんの葉っぱが丸まっている。

▶葉っぱの先だけをちぎって丸めておうちにしてしまう虫も。

◎こんなことを学びたい

上手に隠れることも生きること

虫たちは実に上手に葉を使って身を隠します。この技は大したもので、小さないのちでも生きる知恵は初めから授かっているようです。天敵に対しても攻撃するのではなく、自分の身をそっと隠すという平和なやり方で生きているのです。

自然を見る視点 34

フンを見よう!

　写真のようなスイートコーンに似ているものは蛾(が)の幼虫のフンです。フンを意識して見たことがあるでしょうか？ 「フン＝近くにそのものがいる証拠」です。フンを手掛かりに探してみましょう！

いろんな形があるの？

　青虫や毛虫、甲虫の幼虫などその種類ごとにフンの大きさや形、色、固まり方などが全て違っています。もちろん昆虫に限らず、動物もそれぞれにフンの形態が異なります。フンの観察にも意外な発見があるものです。

❷ 自然を見る視点

ほかにも見つけたよ！

◀▲大量のフンをするオオスカシバの幼虫。

◎こんなことを学びたい

フンにも個性がある

　カブトムシの幼虫を飼うと大量のフンをします。しかし、ほとんどじっくりと観察しないで捨てられてしまいます。フンの様子を見ることもその動物を知る大事な視点であることを再認識したいですね。バッタやダンゴムシのフンも観察してみましょう！

自然を見る視点 35

羽化できなかったセミたち

夏になるとセミの鳴き声がしてにぎやかになります。しかしその一方で、全てのセミが羽化できるわけではありません。そのようなセミに焦点を当ててみましょう。

なぜ？どうして？

どうして出て来れなかったの？

セミの幼虫は羽化するときが一番無防備で外敵に狙われやすいです。だから羽化は日が暮れて暗くなってから始まります。しかし、なかには殻が引っ掛かって背中が割れなかったり、羽化する場所が見つからないままで死んでしまったりする個体が見られ、幼虫のまま固まっているものもいるのです。

❷ 自然を見る視点

ほかにも見つけたよ！

セミのぬけがらみつけた！

▲このセミの幼虫は、羽化する場所を探している間に体力が尽きてしまったようです。

▶無事、羽化したセミの抜け殻を発見（5歳児）。

◎こんなことを学びたい

いのちのつまずきから見えてくること

　虫たちの暮らしの中にもアクシデントが起きます。土の中で7年も成長してきてようやく羽化しようとしたときにこうなるとかわいそうです。しかし自然界全体からすると、どの動物や植物にもこういうことがあることを見つめたいものです。

自然を見る視点 36
草木や昆虫の赤ちゃん

　草木や昆虫の赤ちゃんは、身近にいてもあまりに小さいので見過ごしがちです。しゃがんで丁寧に見るときっと出会えますよ！

なぜ？どうして？

どうしてなかなか見つけられないの？

　動植物も小さいときほど弱々しいものです。だから保護色や目立たない格好をしています。バッタの幼虫も体が緑色でコケの上にいるとほとんど目立ちません。でも視線を低くしてはうように眺めていくと、至る所で小さないのちがひっそりと育まれていることが分かるでしょう。赤ちゃんのときは目立たず、隠れるようにして暮らすことが大事なのです。

❷ 自然を見る視点

ほかにも見つけたよ！

▲赤ちゃんの双葉を見て本葉はどんなものか考えるのも楽しい！

あかちゃんカマキリみつけたよ！

▲2歳児

◎こんなことを学びたい

全てのいのちの始まりは小さい

　どんな生き物でも赤ちゃんのときがあります。その小さな弱々しい時代を経てこそ大人となっていくのです。私たちは大きくなったものだけを見てしまいがちですが、いのちは徐々に段階を追って成長していくものであることを再認識したいですね。私たちも焦ることなく毎日少しずつ成長していけばよいのです。

自然を見る視点 37

クモの巣の個性

クモの巣をよく見ると、白い帯のようなものがあります。これは種類によって様々に変化します。どんなものがあるか探してみましょう。

どうして帯になるの?

クモの巣の白い帯を「隠れ帯」と呼びます。クモが、餌が掛かるのを待つ間にこの帯で自分の体を隠しているのだそうです。人の眼にはよく目立ちますが、虫の眼には見えにくくなるのでしょう。クモもよく考えているらしいです。

❷ 自然を見る視点

> ほかにも見つけたよ！

▲いくつも帯があるクモの巣。

▼真ん中に帯があるクモの巣。

▲縦に一本のクモの巣を発見！すごい！

◎こんなことを学びたい

意味が分からなくても面白い！

　虫は私たちから見るとわけの分からないことをします。何の意味があるのだろうと思われることでも、その虫にとっては大変重要なことであるようです。自分にとって価値がないことも、人にとっては大切なこともたくさんあるのです。

自然を見る視点 38

羽の細やかさ

　止まっているトンボにそっと近付いて羽を観察してみましょう。ガラスのように透明で実に細やかな筋が張り巡らされていることに気付くでしょう。

羽の形はいろいろ？

　トンボの羽、チョウの羽、セミの羽、バッタの羽、カマキリの羽、カブトムシの羽、それぞれに形や質など独特なつくりをしています。羽は虫の暮らし方と結び付いています。暮らしの違いが羽の違いなのです。

❷ 自然を見る視点

ほかにも見つけたよ！

▲クマゼミの羽も美しい！

トンボさん！

▲2歳児

◎ こんなことを学びたい

目立たない所にこそ目を向けたい

チョウの羽は美しいので誰でも目が向きやすいです。ところがトンボになると透明で目立たないので、大きな眼や腹の模様などに目が奪われがちです。しかし、いのちの大切なことは、目立たない所に隠されているということなのです。

Column

▲竹やぶの竹の色。
年を経るごとに色が変わる。

▲壁を伝う雨。面白い模様に。

植物だけでなく、ありとあらゆる自然界の存在や営みに触れよう

▲壁に映った影も楽しい。

▲石碑の「か」の字の中に「か・たつむり」。

3

どうしたらいいの?

保育者からの
お散歩 Q&A

「雨が降ったらどうしよう?」
「ことばがけが同じになってしまう」など、
散歩に関する現場の保育者の
悩みや疑問にお答えします。

0・1歳児の散歩

Q 0・1歳児に適した散歩ってどういうものですか？
移動に時間が掛かり、散歩時間が短くなってしまいます。

A 「目的地に着くことだけが目的」ではなく「目的地に着くまでの道のりの一歩一歩が目的」です。「散歩」＝「出会いを構成するもの」なので、出会いを気付き・発見に変えるのは、そのプロセスにあります。たとえ目的地にたどり着かなくても大丈夫です！ 多様な自然界に触れることが大切です。例えば、お茶休憩やお弁当など、保育者がどこで止まるかによっても出会いが変わるので、意識してみてもいいですね。また、1歳児ではゆっくりとしか歩けないのですが、途中で止まったりしながら、できるだけゆったりと周りの様々な自然に目を向けながら、少しでも出会いを多くする工夫をしたいものです。時間がかかるのではなく、むしろ時間をかけてじっくりと歩むことが大切です。

0・1歳児へのことばがけ

Q 0・1歳児には「お花きれいだねー」「〇〇があるよ」など、同じことばがけばかりになってしまいます。繰り返すだけでいいのでしょうか？

A その繰り返しのことばがけが大切です。学びはスパイラルです。繰り返していくことで学びが深まっていきます。保育者が何度か声を掛けると、次々と園児たちから、気付きや発見したことを伝えてくれるようになるものです。それを一緒に感動し、共感することが大切です。例えば「きれいね！」の一言も、何を指してきれいと言うか、10回きれいと言っても全て異なったものであれば、少しずつ「きれい！」という言葉の表現の奥にあるものに気付き始めます。そして自分でも「きれい！」を見つけるようになるものです。

③ 保育者からのお散歩 Q&A

雨降り散歩

Q 雨降り散歩の楽しみって、子どもにとって良い体験なのは分かるのですが、いろいろと散歩後が大変そうでなかなかできずにいます。

A 季節や雨の降り具合にもよりますが、夏場などの気温の高いときや小雨程度のときには、雨にぬれることがかえって気持ちの良いことがあります。傘を差して、長靴を履いて、雨の中を歩いてみる体験もすばらしい自然体験です。最近は水たまりが少なくなりましたが、長靴で水たまりに入っていくことが、子もたちは大好きです。雨傘に雨が降って、いろいろな音がすることも体験しておきたいものです。様々なものに雨粒がたまって流れる様子や、地面を雨水が流れる様子を楽しむことも、雨の日ならではの楽しみです。さらには、雨が降ると、石や木の幹の色が深みを増して美しくなります。コケが生き生きとして美しくなります。足元の雑草たちも一気に元気になります。天気の日とは違う様々な自然に出会うことができます。

> **ほっこりエピソード**
>
> 長靴を忘れて、靴がぬれてしまうからぬれないように気を付けていた子どもがいました。でも友達が水たまりで遊んでいるのを見ていると、遊びたくなって…。思い切り水たまりに「どぼーん」と入ってしまいました。降園時、お迎えに来た保護者に、ちょっぴり叱られてしまいました。靴がぬれてしまっているので、帰りは、保護者におんぶしてもらっていて、その子どもの顔はにっこり笑顔！ 実はこうなることを狙っていたのかな？ と私たちも癒やされました。

周りに自然が少ない

Q 私の園は都市部にあって、周りに自然が少ないです。自然に触れ合う機会もあまりなくて、困っています。

A 豊かな自然があることは確かに魅力的ですね。しかし、たとえ都市部であっても、ふだん散歩する道の中に自然との出会いはきっとたくさんあるものです。アスファルトから生えている雑草、落ち葉や小石、カラスやスズメの動き、空の雲など、目の付け所一つで身近な自然にもたくさんの出会いや気付きがあります。保育者はまずそのような自然との出会いに気付く目をもつことが大切です。風が吹いてくれば街路樹の葉が揺れたり、日が照っていればいろいろなものの影の形やでき方に気付いたり、道の凸凹や坂があったり、というような何げない足元の自然の姿に改めて目を向けることです。そうするだけできっと多様な自然との出会いは十分に味わうことができることでしょう。

本書などを参考にして、自然と出会う様々な視点を掘り下げてみてください。

散歩コース

Q いつも同じ散歩コースで変化がありません。
コースを頻繁に変えた方がいいでしょうか?

A コースを変えてみると、新しい発見がたくさんありますね。しかし、子どもたちは同じコースでも新しい発見をしたり、毎回違う反応をしたりします。何度も通るからこそ、様々な自然の変化や植物の生長などに気付くこともあるのです。マンネリ化してしまっているように感じているのは、保育者側だけかもしれません。コースの問題ではなく意識の問題であることが多いようです。同じ場所でも季節が異なれば全く違いますし、また天候によっても、時間によっても自然との出会いが変わってきます。マンネリ化を解消するには、目の付け所を変えてみることです。自然は常に変化しています。同じコース、同じ道であっても、子どもたちはきっとその日によって違う所を見ているはずです。毎回何かに感動できるような新鮮な気持ちで散歩する習慣をもつように努力するだけで、自然との出会いが変わってくることでしょう。

草花を持ち帰った後に

Q 花や草を摘むときは楽しいのですが、
袋に入れて持ち帰るとすぐしおれてしまい、
子どもたちの興味も薄くなってしまいます。

A 自然との出会いを楽しむことの基本は、そのときその場で十分なのです。草花も生えている場所で楽しむこと、あるいは摘み取るのそのものを楽しむことです。しかし、持ち帰って少しでも長く楽しみたいというのであれば、子どもたちが持っているポリ袋に水でぬらした新聞紙やティッシュペーパーなどを少し入れておくだけで、袋の中の湿度が保たれて草花がしおれるのが少しはましになります。そして園に戻ったら、すぐに瓶や牛乳パックなど水の入った容器に入れてあげてください。植物によっては水を吸ってまた元気を取り戻します。

③ 保育者からのお散歩 Q&A

花を摘むこと

Q 「花を摘むこと」っていい？ ダメ？
摘みたいと思う子どもたちが多いので
どの程度まで許していいのかが難しいです。
子どもたちにどう伝えたらいいですか？
また、毒のある虫に出会ったらどうしたらいいですか？

A 家庭のプランターや公園の花壇などに植えられているものは、「育てているもの」ということをきちんと知らせて、摘まないように伝えましょう。草むらなどの自然に生えているものはもちろん自由に摘んでもいいのですが、一人が摘むとみんなが摘みたくなりますね。そのときは、「ここに散歩に来る人も、この花を見たいだろうから、3つだけにしようか」とか、「花さん、ごめんね」「お花もここで咲いていたいでしょうから、少しだけもらって後はそっとしておこうね」と声を掛けながらお花や草たちとお話するようにしてみましょう。また、ムカデや毒のある毛虫など危ない生き物と遭遇したときは、そっとその場を離れることが大事です。仕方がないのでと、子どもたちの前で殺してしまうようなことは避けたいものです。たとえ毒虫でも自然界の中ではそれぞれの役目があって大事ないのちなのですから。植物や小動物たちも生きていること、それぞれのいのちに気付き、そのいのちを大切に見守る心が育つようにしたいものです。

ほっこりエピソード

珍しい白いタンポポが咲いていて、採ろうとしたとき、「ほかの先生や小さい組の友達にも見せてあげたいなー」「採って帰らないで、ここにあることをみんなに教えてあげよう！」と言ってみました。すると、園に帰るとすぐに、「こんなタンポポあってん！ こんどみにいこう！」とうれしそうに教えていました。我慢することを学び、散歩の楽しみの一つになりました。自然を大切にする心が育っていく姿が見られ、私も子どもたちも散歩がより楽しみになっています。

生き物を乱暴に扱う子ども

Q 生き物を乱暴に扱う子どもがいて困っています。どうしたらいいのでしょうか？

A 生き物を乱暴に扱う子どもは、扱い方が分からないことが多いです。子どもたちは、丁寧な扱い方をしている友達や保育者を見て学んでいきます。丁寧に扱う様子を観察するように導いてあげましょう。チョウやトンボの羽など生き物の種類によって、体を傷付けないための持ち方や触り方があります。

また、バッタやトカゲなどの小動物は捕まえようとすると逃げ出します。しかし、見ているだけだと逃げないので、そっと近付いてじっくりと観察することができます。「捕まえる」より「観察する」ことで面白さに出会えることを知らせるのがいいですね。「見方の変化」が「行動の変化」につながり、より興味が出てきます。

虫が苦手な子ども

Q 虫が苦手な子どもがいて、あまり近付いて来ません。無理に生き物に触らせない方がいいですか？ちなみに私も苦手です…。

A 虫が苦手な子どもは無理に触らせなくていいのです！ そっと見ればいいのです。バッタなどは、急に飛ぶから怖いと思ってしまうので、透明の瓶やポリ袋などの容器に入れると安心して見ることができます。毛虫などの気持ち悪いという印象のある生き物も、容器に入っていると安心して見ることができ、「かっこいい」「ここフワフワしてる！」と興味津々です。容器や袋でかぶせるように捕まえると、保育者も触らずに子どもたちに見せることができます。また、生き物もたくさんの子どもたちにいっぱい触られると弱ってしまうので、基本はできるだけ触らないで観察することです。一方で感触も大事なことなので、触り方をうまく教えてほどよい接触を考えることです。しかし、触ることだけが大切というわけではないので安心してください。観察することの方がはるかに大事なことです。

③ 保育者からのお散歩 Q&A

食べられる植物

Q 食べられる植物が知りたいです！

A 食べられる野草というものは、身近にもたくさんあります。ただ実際にはどこに生えているか、その量などによって活用の仕方が異なってきます。保育ではごく一般的な野草を知ることで十分でしょう。春先に生える、ヨモギ・ハコベ・ツクシなどです。タンポポの葉も食べられますし、秋のドングリも種類によってはあく抜きが必要ですが、一度は食べる経験をしておきたいものです。野草を食べるという体験は、たくさんの種類を食べることではなく、「野菜」というように、私たちが今食べているハクサイやダイコンなどももともとは野生に生えていた植物・草だったということが分かればよいのです。自然に依存して生きてきたという私たちの暮らしの基盤を体験的に学ぶことにこそ、意義があります。

危険な動植物

Q 危険な生き物、植物も知りたいです！

A 実際にはその現場に行かないとどんなものがあるのか分からないというのが本当のところです。ウルシの仲間のように触るとかぶれる植物もあれば、とげのある草、ムカデや毒のある毛虫など、散歩コースにどんな動植物が見られるのか、ある程度知っておいた方がいいですね。散歩に行ったときに写真を撮って調べたり、ハチの巣があるなど危険な場合は「ここには近付かない」とか、「これは触ったら危険」など何に注意が必要なのかをマップに記したり、保育者間でも共有できるといいですね。ただ、キノコはどれも毒キノコで触ると危険であるかといった間違った認識を植え付けるような扱いは困ります。毒キノコは極一部で、触ると毒が回るようなものはほとんどありません（ただし、ナラ枯れの影響で、「カエンタケ」という赤いキノコで触ると危険なものも出ているので、これは図鑑などでしっかりと確認しておいてください）。

季節探し

Q 散策や絵あそびで、「春探し」をしたところ、春と関係のない植物や生き物を描いた子どもがいました。「ほかにもサクラの木とかあるよ」というくらいしか対応できずに、困りました…。

A 何をもって「春」とするか、なかなか難しいですね。私たちはつい、花が咲いているもの、新芽が出ているものだけを春と思いがちです。しかし、子どもたちにとっては、「春」というイメージはあっても、それは作られた概念であることが多いです。目の前の自然を見ることこそが大事です。4月や5月に見られるものはどれもみな春の現象です。春でないものはないのです。何もかも全て「春」なのです。どんな虫であっても動き出すのが春です。テントウムシやアリだけが春ではありません。小鳥がさえずり、暖かい風が吹く、地面も暖かくなり、お日様の光が暖かくまぶしく感じられるようになる。全てが春なのです。限定しないことです。子どもの発見に保育者自身が春を見いだす姿勢こそが大切です。

4 自然散歩のコツはこれ！

身近な自然から
「驚き」・「不思議さ」・「美しさ」を
感じ取ろう！

散歩で最も大事なことは、身近な自然に対して「驚き」と「不思議さ」や「疑問」そして「美しさ」を感じることができる〈柔らかな心〉を育むことです。いつも心のアンテナが張って、自然の中の小さな営みや変化に対して敏感にキャッチできる子どもたちは、自然に接することから学びのエネルギーが生まれ、自然や世界を知ることの楽しみが湧いてきます。そして、自然から様々なことを学ぶことを通して、いのちの見方や自然への考え方がおのずと深まり、それはやがて自分自身の行動や生き方にまで深く影響してくることでしょう。

1 自然散歩が目指すもの

　幼稚園教育要領や保育所保育指針、幼保連携型認定こども園教育・保育要領には、領域「環境」で次のように示されています。
「周囲の様々な環境に好奇心や探究心をもって関わり、それらを生活に取り入れていこうとする力を養う。」
　大事なことは自然での学びを自分の生活に取り入れること、つまり、自分のふだんの行動や生き方に反映させることが極めて重要なのです。
　子どもはもともと自然の事象に関して好奇心をもっています。ただそれが周囲の大人や兄弟姉妹の関係の中で、恐怖心に変わったり、汚いものと思い込んだりとマイナスの先入観をもってしまうことがあります。保育者は子どもたちの好奇心を健全な方向に導いてあげることが大切です。
　そして自然に親しんで活動していくと、子どもなりに様々なことを発見します。大人には当たり前のことでも子どもにとっては生まれて初めての経験なのです。何もかもが新鮮で鮮やかに映るのです。この感覚がすばらしいのです。そして、「どうして？　なぜ？」と子どもなりに考え始めます。もちろんその回答がすぐに得られるわけもありません。また保育者がすぐに知識を与えることも必要ありません。子どもなりに考えてみること、そして不思議がることが大切なのです。そのような活動を積み上げていく中でいろいろなものを感じ取り、豊かな感覚が養われていきます。

「自然の観察」は「いのちの観察」

　自然と親しみ、自然に触れて、というように「自然」という言葉を使いますが、そもそも「自然」とはなんでしょう？　保育者自身がこれを明確に把握していなければ、子どもたちを本物の自然に出会わせることができません。「自然」とは「いのちそのもの」です。では「いのち」とはなんでしょう？　アリやダンゴムシ、園で飼われているウサギや小鳥たちだけが「いのち」ではありません。足元の雑草も気持ちの悪いクモやゴキブリも立派ないのちです。「いのちを大切にしましょう！」ということはよく耳にしますが、決してかわいい快い生き物だけがいのちではありません。

　また一方、土や泥や小石や雨や風など、子どもたちを取り巻く無機的な物の環境も自然そのものです。これらによっていのちが生かされています。大きく言えばこれらも「いのちそのもの」です。太陽も水も土も石も、自然でありいのちなのです。そのような大きな見方をした上で、個々のいのちを見つめていきたいものです。自然を観ることはいのちを観ることです。自然の観察はいのちの観察なのです。

3 自然散歩はこんな力を養います

　自然に親しみ、自然と深く関わることで子どもたちにどのような力を育むことができるのでしょうか。

　自然に親しみ、自然の中で遊び、自然を観察することは、「自然と対話」することです。対話によって学びが生まれます。自然から学ぶことを知った子どもは、一生飽きることのない宝物を得たようなものです。自然から学ぶことは無限にあります。これはすごいことです！　自然に親しむことは、知らず知らずのうちに多くの学びをもたらすとともに、人間が生きていく上において最も重要で中核となる心を養ってくれるのです。幼いときに自然に親しみ自然を観察することは、人としての成長にとって欠くことのできない極めて大切な活動です。

自然に触れると情緒豊かになる

感性や情緒が人の育ちの中核を創ります。豊かに感じることが豊かに生きることにつながります。

自然を愛する心は自然から慰められる

自然界のあらゆるものを優しい心で受け止めることができると、どんなときも自然の全てのものが優しく受け止めてくれます。

驚く心が育まれる

小さな事物現象をも見逃さずに、そこに驚きをもって見つめることができたら、何もかもが新鮮に見えてきます。

見る目が育ってくる

見方一つで見えてくることが違ってきます。自然に目を向ける習慣がおのずと世界の見る目を養います。

物事を深く考えることが
できるようになる

ただ何となくぼんやり見ていたことに疑問をもって探求しようという気持ちが生まれると、自分なりに考える習慣がつきます。

自然はものの見方を
広げる

自然は多様です。その多様なあり方に触れることで、おのずとものの見方が広がっていきます。

自然との関わりが
豊かな創造性を育む

自然界は創造に満ちあふれています。花一つ見ても、何万種類という花が全部違った形と香りをもっているのです。

自尊感情が
湧く

全てのいのちがそれぞれに「唯一無二」の存在であることに気付くと、その中に自分もいることが自覚されます。

自然のリズムに
心を合わせることで落ち着く

澄み切った青空を見上げる・雄大な海を眺める・堂々とそびえる山を見るなど、自然と心が一つになると心が静かになります。

自然への畏敬の念が
育まれる

小さな草の芽生えが日々成長していく。青虫がサナギから見事なチョウになる。そのいのちの営みのすごさに畏敬の念が湧きます。

4 自然に直接学ぶ活動の促し方

　子どもたちに自然と親しむための活動を促すには、具体的な動きそのものを示していくことが大切です。下の図「しぜんとともだちになろう」を参考に、どのような声掛けや呼び掛けが良いか考えてみてください。
　目で見る、音を聴く、匂いを嗅ぐ、味わってみる、肌触りを感じる、などの

❹ 自然散歩のコツはこれ！

最も当たり前の諸器官をしっかりと働かせることは、意外に難しいものです。多くの子どもたちがどの感覚も存分に活用しきれてはいません。例えば、自然の音を聴くとはどのようなことかを、体験的に学んでいく必要があります。本当に聴けている人は大人でも少ないのです。カラスは「カア・カア」と鳴いてはいません。本物の鳴き声をしっかり聴けばそのことが分かります。

　点線から下を拡大コピーして保育室に貼り、子どもたちと一緒に考えてみましょう。

5 自然観察の具体的な指導のあり方

「教えるのではなく、感じ考える自然観察」を自然観察指導のポイント⑩にまとめました。具体的に子どもたちの自然観察を導いていくための指導者側の心構えです。保育の現場では「自然あそび」が中心であって、観察というと急に難しくなるように感じるかもしれませんが、子どもは遊びながら自然物をしっかりと観察しています。そして様々なことに気付き、発見が生まれます。どんなに素朴であっても子どもなりの自然観察なのです。その活動を通して少しでも学びを深め、自然界を見る目を育ててあげるには、指導者側の導き方を心得ておくことが重要です。

自然観察指導のポイント10

子どもになり切ろう

- 子どもの目の高さで見よう。
- 一緒に驚き、感動しよう。

子どもに発見させよう

- 発見を促すことばがけをしよう。

気楽に、散歩気分で

- 子どもと一緒に散歩しながら、自然を楽しもう。

生物名にこだわらず

- 名前を教えることより、まずは、形や特徴、動き、周りの環境との関わりに目を向けよう。

④ 自然散歩のコツはこれ！

子どもの言葉で表現させよう

- 子どもに問い掛けよう。

褒め上手になろう

- 子どもの発見を褒めて、共に驚こう。

チャンスを生かし、臨機応変に

- そのときしか出会えない自然も多いので、チャンスを生かそう。

子どもから教えてもらおう

- 子どもから学ぶ姿勢を忘れずに。
- 子どもは教えることが、良い学びとなる。

フィールドマナーを大切に

- 騒がず、そっと観察しよう。
- ひっくり返した石などは元に戻そう。

危険な動植物は伝えよう

- 危険な動植物を知っておこう。

6 美しい心を育む自然観察
〈散歩が保育を変える〉

身近な自然と出会うための活動が「散歩」です。しかし、ただ散歩をすれば自然が学べるかというと、そうではありません。指導者側にその散歩の意義や価値が十分に把握されていなければ、散歩での一つひとつの出会いを生かすことができません。自然散歩にどのような価値があるか、その全体像を図示しました。

> 1歩、主体的に生きる
> 2歩、自由に生きる
> 3歩、楽しく生きる

ことばがけ
認め、共感し、褒める見方や考え方を示す

らせん的な学び 継続性

気付きの導き方
- 意味付ける
- 価値付ける
- 位置付ける
- 方向付ける

❶ 保育者の姿を見て学ぶ

自然から直接学ぶ

散歩の質を高
（自然

❷ 観察

出会い ― 発見 ― 気付き → 不思議・疑問 ❓

いのちの実感
↳ 温かいまなざし
↳ 優しい心

驚き ❗

科学する心
（科学的思考力と科学を生活に生かす実践力）

❸ 自然への畏敬（敬）

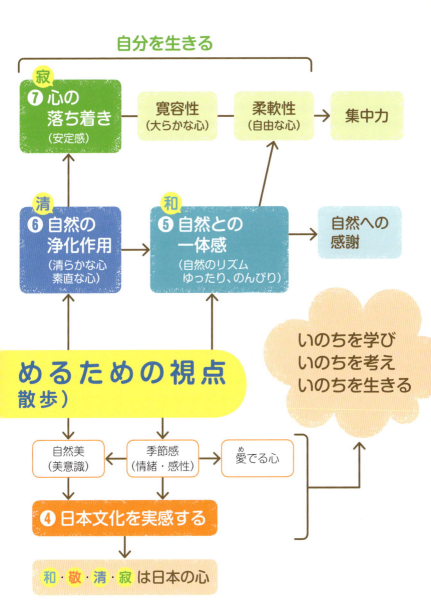

〈著者〉

菅井 啓之 (すがい ひろゆき)

昭和28年大阪府生まれ。大阪教育大学教育学部小学校課程理学科卒。
大阪市公立小学校教諭、大阪教育大学附属池田小学校教諭、ノートルダム学院小学校教諭、
京都ノートルダム女子大学心理学部教授を経て、現在、京都光華女子大学こども教育学部教授。
身近な自然をどのように見つめ、そこから何を学び、自分の生き方を深めていくような
自然教育のあり方を研究しています。散歩や自然観察は、全てのいのちが自然とともに
あることに気付き、自然体で生きることがどんなにすばらしいことかを語ってくれます。

後藤 紗貴 (ごとう さき)

滋賀県生まれ。京都ノートルダム女子大学心理学部学校心理専攻。現在、
滋賀県大津市立青山小学校教諭。
毎日、散歩をして小さなもののいのちの声を聴いています。
見過ごしがちな足元にあるコケや芽生えなどに心を向けることで、
この世界でのいのちの在り方、生き方を自然から直接学び、日々の教育に生かしています。

〈協力〉

正休ののはな保育園(滋賀県大津市)
　園　長　寺尾行代
　主　任　西村未来
　協力者　後藤昌子
　園児のみなさん

〈STAFF〉
● 本文レイアウト／センドウダケイコ
● 本文イラスト／北村友紀・みやれいこ・Meriko
● 校正／永井一嘉
● 企画・編集／長田亜里沙・松尾実可子・安藤憲志

ハッピー保育books㉕

いのちと出会う 保育の自然さんぽ

2017年5月　初版発行

著　者　菅井啓之・後藤紗貴
発行人　岡本 功
発行所　ひかりのくに株式会社
〒543-0001　大阪市天王寺区上本町3-2-14　郵便振替 00920-2-118855　TEL.06-6768-1155
〒175-0082　東京都板橋区高島平6-1-1　郵便振替 00150-0-30666　TEL.03-3979-3112
ホームページアドレス　http://www.hikarinokuni.co.jp
印刷所　日本写真印刷株式会社

©HIROYUKI SUGAI , SAKI GOTO 2017
©HIKARINOKUNI 2017
乱丁、落丁はお取り替えいたします。

本書のコピー、スキャン、デジタル化等の無断複製は著作権法上での例外を除き禁じられています。本書を代行業者等の第三者に依頼してスキャンやデジタル化することは、たとえ個人や家庭内の利用であっても著作権法上認められておりません。

Printed in Japan
ISBN978-4-564-60887-2
NDC376　128P　19×13cm